AF562405

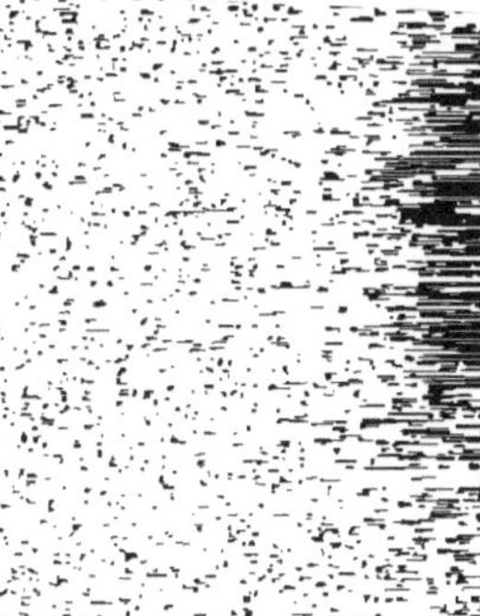

ALLOCUTION

PRONONCÉE AUX OBSÈQUES

DE

M. HENRI PASCAL

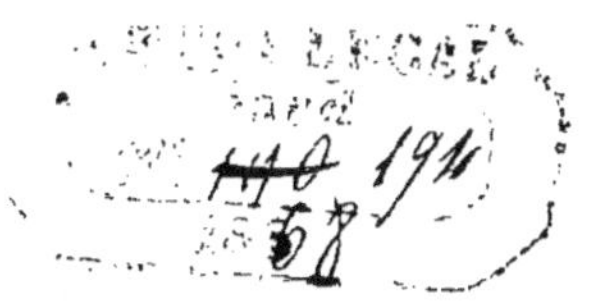

ALLOCUTION

PRONONCÉE DANS L'ÉGLISE PAROISSIALE DE BRIGNON (Gard)

Par M. l'abbé LÉGER

Aumônier du Refuge

A L'OCCASION DES OBSÈQUES

de

M. HENRI PASCAL

Sergent de la 1re compagnie du 1er bataillon des Zouaves Pontificaux

MORT GLORIEUSEMENT A MENTANA

POUR LA DÉFENSE DE ROME

PRIX : 40 CENTIMES

SE VEND AU PROFIT DE L'ŒUVRE DU REFUGE

NIMES

DE L'IMPRIMERIE LAFARE ET Ve ATTENOUX

place de la Couronne, 1

1868

ALLOCUTION

PRONONCÉE DANS L'ÉGLISE PAROISSIALE DE BRIGNON

Par M. l'abbé LÉGER

A L'OCCASION DES OBSÈQUES

de

M. HENRI PASCAL

> Consummatus in brevi explevit tempora multa. (Sap., c. IV. v. 13.)
>
> Moissonné par la mort au printemps de la vie, il a néanmoins rempli une longue carrière. (Au livre de la Sagesse, chap IV, v. 13.)

MES FRÈRES,

L'année dernière, à pareille époque et pour une cérémonie à peu près semblable à celle de ce jour, une foule empressée et recueillie se dirigeait vers les murs de Brignon. Des familles honorables et distinguées étaient venues payer leur tribut d'hommages et de prières aux intrépides défenseurs du Saint-Siége et de ses droits imprescriptibles. Un clergé nombreux, accouru de tous les points du diocèse, rehaussait par sa présence l'éclat de la cérémonie, apportait des consolations à une famille éplorée, mais résignée, et honorait la foi et l'héroïsme de votre cher compatriote, Henri Pascal, mort, à l'âge de vingt-quatre ans, à la bataille de Mentana, pour la défense de celui qu'il appelait son père et son roi.

L'église était comme aujourd'hui tendue en noir ; un monument funèbre s'élevait jusqu'à la voûte. A ces signes impuissants d'un deuil adouci par de sublimes consolations, se mêlaient des lauriers et les couleurs pontificales qui symbolisaient la victoire de Mentana. On était heureux et fier de voir le drapeau de la France déployé à côté des couleurs pontificales, au poste d'honneur et de gloire. Puisse ma patrie porter toujours noblement le titre de fille aînée de l'Eglise, et réaliser à jamais son antique devise : *Gesta Dei per Francos*, les triomphes de Dieu et de l'Eglise par la France !

Rien donc ne différait de ce que nous voyons aujourd'hui : même zèle de la part des dignes curés de Brignon [1];

(1) M. l'abbé Joseph Laurent en 1867, M. l'abbé Marque en 1868.

même empressement de la part des fidèles ; seulement, par délégation de Mgr Plantier, la cérémonie était présidée par le R. P. d'Alzon, ce prêtre si dévoué, et qu'on peut considérer comme le père de notre centurie de zouaves, sous le regard de l'illustre évêque de Nimes. Une voix plus autorisée que la mienne retentissait du haut de cette chaire ; l'orateur, du choix aussi de Sa Grandeur, était digne du héros : M. l'abbé de Cabrières célébra la mémoire de notre zouave pontifical en des accents si élevés, qu'il y a quelque témérité de ma part à oser parler après lui sur le même sujet, surtout quand d'hier seulement on a été prié de le faire. Il nous montra Pascal sous tant d'aspects glorieux, qu'il me serait impossible d'ajouter un seul mot à son discours, si la gloire d'un héros chrétien, d'un martyr de l'Eglise de Jésus-Christ pouvait être jamais épuisée.

Telle est la gloire de Pascal ; après en avoir beaucoup parlé, on pourra la redire encore sans trop répéter, tant ses jours ont été pleins, tant a été héroïque son dévouement à la grande cause de l'Église, tant ont été multipliés ses triomphes ! *Consummatus in brevi explevit tempora multa.* Triomphe de Pascal sur ses affections légitimes, triomphe de Pascal sur le rude métier des armes et de la guerre, triomphe enfin de Pascal sur la mort et l'oubli qui s'attache presque inévitablement à ceux qui ne sont plus.

Autrefois Dieu, dans son infinie bonté, voulant opposer une digue au torrent de l'idolâtrie qui allait entraîner toutes les nations dans la ruine et la mort, ordonna à Abraham de quitter son pays : « Sortez de votre patrie, lui dit le Seigneur ; quittez votre famille et venez dans le pays que je vous montrerai ». *Egredere de terra tua et de cognatione tua, et de domo patris tui, et veni in terram quam monstrabo tibi* (1). Plus tard, il dit à celui dont la postérité devait être multipliée comme les étoiles du ciel et les sables de la mer : « Prenez Isaac; prenez ce fils unique qui vous est cher ; allez dans la terre de Vision, et là, vous me l'offrirez en holocauste sur la montagne. » Abraham, fidèle à la voix de son Dieu, sort de sa patrie, quitte sa famille, se dispose à immoler sur la montagne son fils unique Isaac ; et Abraham, par sa fidélité et son obéissance, mérite de devenir le père de tous les croyants, et sa postérité est choisie pour être la source d'où la bénédiction doit s'étendre sur toute la terre.

(1) Genèse, XII, 1.

Cette voix de Dieu, Mes Frères, qui ordonna à Abraham de sortir de sa patrie, Pascal l'a entendue ; il lui a été dit : « Quitte ton pays, ta mère, tes frères, tes sœurs, tes amis, tes compatriotes, le clocher de ton village ». Et où Pascal a-t-il entendu cette voix? Il l'a entendue, Mes Frères, dans ses pieux pèlerinages à Notre-Dame-de-Rochefort, à Notre-Dame-de-Bouquet, la *Mère admirable*, dans ses fréquentes visites au presbytère, où un regrettable curé (1) faisait retentir à ses oreilles les noms augustes de Pie IX, Lamoricière, Pimodan, et où l'on s'entretenait souvent des périls de l'Eglise et de la nécessité de voler à son secours. Il l'a entendue cette voix dans la fréquentation des sacrements de Pénitence et d'Eucharistie, dans ses prières si ferventes et si prolongées ; enfin, dans ses prosternements éternels devant le Dieu de toute majesté résidant dans nos sacrés tabernacles.

Vous savez, Mes Frères, à quel sacrifice se voua Pascal pour répondre à l'appel de Dieu. La conscription pesait sur lui : il ne balança pas un instant à donner tout ce qu'il avait pour s'exonérer du service militaire en France, et courut offrir son épée qu'il avait achetée au Pontife-Roi que tous semblaient abandonner. C'est ainsi que,

(1) M. l'abbé Barnier.

selon les expressions d'un juge, délicat en fait d'honneur et de loyauté, avait dit M. l'abbé de Cabrières, Henri Pascal, en 1864, et Casimir Rouvière, en 1866, se distinguèrent par un trait digne des plus beaux dévouements que l'histoire ait jamais enregistrés. Ils achetèrent leur épée au lieu de la vendre [1]. Qu'il me soit permis d'ajouter que ce n'est pas là seulement un des plus beaux dévouements, mais le *sublime* du dévouement. Comme saint Pierre, Pascal a pu dire : *Ecce nos reliquimus omnia et secuti sumus te* [2]. Voilà, Maître ! voilà, Pontife-Roi, que j'ai tout quitté pour vous suivre. Quelle sera sa récompense ? *Quid ergo erit nobis ?* D'abord : les bénédictions du Pontife suprême, du crucifié du Vatican, le titre à jamais mémorable de héros martyr de la cause de Dieu ; et puis, immortel zouave, un trône à côté des Maurice et des Victor ; un trône où vous jugerez les tribus d'Israël, et où votre générosité et votre héroïsme condamneront à tout jamais tant d'égoïsme, de lâcheté et de félonie.

A Rome, à plus de deux cents lieues de son pays, loin de sa pauvre mère, veuve, âgée, infirme peut-être, loin de

(1) M. le baron de Larcy. Lettre à la *Gazette de France* en date du 14 novembre, citée par le *Correspondant* du 25, dans le bel article du vicomte de Meaux.

(2) S. Matth., XI, 27.

tous les objets chers à son cœur, il supporte toutes ces privations et se livre au rude métier des armes, soutenu par l'espérance du triomphe de l'Eglise. Sa passion, il n'en a qu'une : celle d'assurer l'indépendance temporelle du Saint-Père, *indispensable* à son indépendance spirituelle. Aussi, écrit-il qu'il ne veut pas quitter Rome, déposer les armes, jusqu'à ce que cette grande cause qui intéresse le monde entier soit définie, et dans vingt combats, à Nerola, Bagnoréa, Acquapendente, Valentano, Monte-Rotondo, etc., à la tête de sa compagnie, il ne craint pas de hasarder mille fois sa vie pour cette noble cause; et lorsque le jour de Mentana a lui, il se réjouit d'aller au combat pour écraser des hordes sauvages et consolider pour toujours les bases du trône de Pie IX. Vous le savez, Mes Frères, c'est dans ce combat à jamais mémorable dans les fastes de l'Eglise et du monde, que notre héros, au moment où il forçait les lignes ennemies, reçut le coup mortel ; ce vaillant soldat tomba en invoquant la très sainte Vierge, et demeura comme enseveli dans son triomphe. Sépulcre glorieux, Mes Frères, glorieux pour sa mère, glorieux pour son pays, glorieux pour le diocèse de Nimes, glorieux pour le digne évêque qui l'avait béni, et dont la bénédiction sans doute avait transformé cette âme en une âme de héros martyr.

Ah ! qu'à bon droit nous pouvons nous écrier ici avec le Prophète : « O mort, où est ta victoire ? puisque tu as donné l'immortalité à celui que tu as frappé de tes coups. O mort, où est ton triomphe ? où sont tes trophées ? puisque tu as rendu sa mémoire éternelle ? *Ubi est, mors, victoria tua ? ubi est, mors, stimulus tuus ?* (1) » En effet, Mes Frères, notre héros ne dira pas, avec le prophète Royal : *Oblivioni datus sum tanquam mortuus, a corde* (2). J'ai été effacé de leur cœur, comme si j'eusse été mort; il n'aura pas à dévorer l'amertume de l'oubli. Non, sa mémoire, comme celle du juste, vivra éternellement : *In memoria æterna erit justus* (3). Pascal ne mourra pas, puisque sa foi, son héroïsme et son martyre nous parleront toujours ; et que nous diront-ils ? *Inspice et fac secundum exemplar quod tibi in monte monstratum est* (4). Regardez, et faites selon le modèle qui vous a été donné. Regardez ces nobles restes que la main du brave des braves, Arnaud, a recueillis sur le champ de bataille de Mentana, et que désormais vous posséderez dans cette église; regardez-les, et faites ce qu'ils ont fait.

(1) Ire épît. aux Corinth., xv, 55.

(2) Ps. xxx.

(3) Ps. cxi.

(4) Exode, xxv, 40.

Aimez l'Eglise; allez au secours du père commun des fidèles; faites-lui un rempart inexpugnable contre tous ses ennemis acharnés; mourez pour la *liberté* de l'Eglise. Il est vrai que tous ne peuvent pas défendre cette noble cause par les armes, comme Rouvière et ces dignes zouaves de Nimes et d'Alais que vous voyez autour de ce monument funèbre, fidèles imitateurs d'Henri Pascal; mais ceux qui ne peuvent pas porter une épée, manier une arme, peuvent au moins tenir un crucifix, un chapelet, et défendre l'Eglise par la prière, par les aumônes, par la parole, et même par les écrits, si Dieu leur a départi ce talent. Pascal, s'adressant aux dignes sœurs chargées de l'école des filles à Brignon, leur disait: « Nous défendons la même cause: *Il en faut pour les armes; il en faut pour les prières.* La prière, Mes Frères, attire les bénédictions de Dieu sur nous, et si Dieu est pour nous, qui sera contre nous? *Si Deus pro nobis, quis contra nos*? En vain le monde, l'enfer et des hordes barbares se ligueront-ils pour nous faire la guerre: plus forts que le monde, plus forts que l'enfer, plus forts que les hordes barbares, nous vaincrons, et l'Eglise trouvera toujours en nous ses plus intrépides défenseurs. En vain les nations se sont soulevées avec grand bruit; en vain les peuples et les rois ont formé de coupables complots contre le Seigneur et son Christ ; celui qui habite dans les cieux se rira d'eux, et, au jour de sa colère, il brisera les peuples et les rois comme des vases d'argile par ses soldats vainqueurs. *Quare fremuerunt gentes, et populi meditati sunt inania?.... adversus dominum et adversus Christum ejus. Qui habitat in cœlis irridebit eos.... et tanquam vas figuli confringes eos*(1).

Ainsi Pascal a triomphé de ses affections légitimes en les immolant à des affections plus légitimes encore ; il a triomphé du rude métier des armes et de la guerre, en en supportant les fatigues et courant les hasards ; enfin il a triomphé de la mort et de l'oubli, en acquérant une mémoire immortelle. C'est là la gloire de Pascal ; c'est ce qui fait qu'ayant peu vécu, il a néanmoins fourni une longue carrière : *Consummatus in brevi, explevit tempora multa.*

O paroisse de Brignon ! toi si petite, comme tu as grandi ! Le sang de tes enfants a coulé pour cimenter la pierre fondamentale sur laquelle est assise l'Eglise de Jésus-Christ : *Tu es Petrus et super hanc petram, ædificabo ecclesiam meam ;* c'est assez, ton nom glorieux retentira

(1) Ps. 2.

jusqu'à la postérité la plus reculée, et le passant, à l'aspect de tes murailles, sentira son âme tressaillir, et par respect se découvrant, il s'écriera : Voilà la patrie des braves, voilà la terre classique de l'honneur, de l'héroïsme et de la gloire.

Puissent ces quelques paroles cicatriser à tout jamais la plaie faite au cœur d'une mère! Puissions-nous, Mes Frères, imiter dans son amour pour l'Eglise et pour le Pape celui que nous regrettons tous et dont nous envions le sort, afin qu'un jour nous allions, comme lui, recevoir la couronne de l'immortalité que le juste Juge réserve à ceux qui auront combattu les combats du Seigneur! *In reliquo reposita est mihi corona justitiæ quam reddet mihi dominus in illa die justus Judex*(1).

Ainsi soit-il.

(1) 2e Epit. à Timoth., IV, 8.

Nimes, Lafare et Vve Attenoux, place de la Couronne, 1

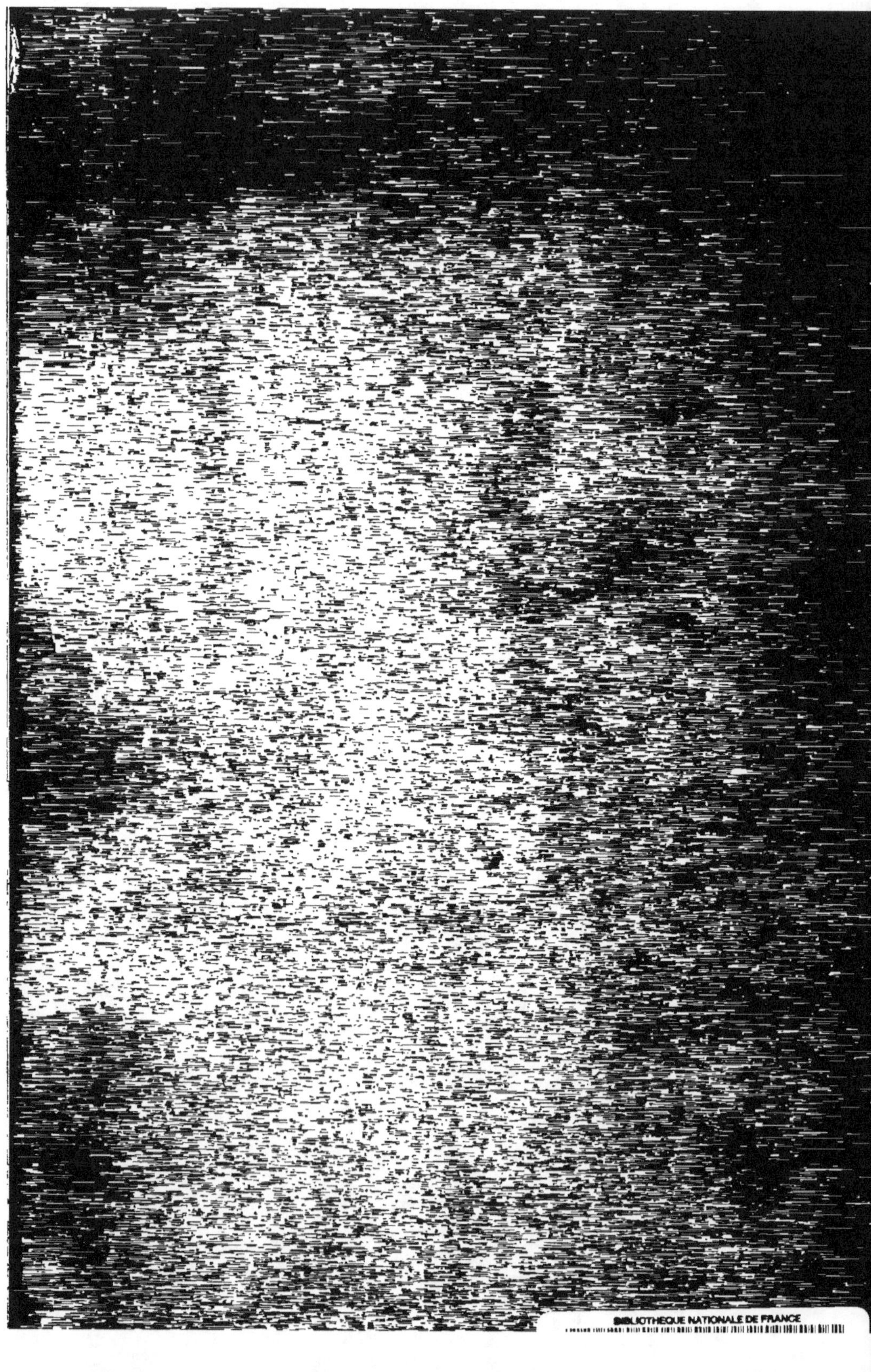

www.ingramcontent.com/pod-product-compliance
Lightning Source LLC
LaVergne TN
LVHW010257230826
846091LV00007B/3024

9782012393660